BEI GRIN MACHT SICH IHR WISSEN BEZAHLT

- Wir veröffentlichen Ihre Hausarbeit, Bachelor- und Masterarbeit

- Ihr eigenes eBook und Buch - weltweit in allen wichtigen Shops

- Verdienen Sie an jedem Verkauf

Jetzt bei www.GRIN.com hochladen und kostenlos publizieren

Bibliografische Information der Deutschen Nationalbibliothek:

Die Deutsche Bibliothek verzeichnet diese Publikation in der Deutschen Nationalbibliografie; detaillierte bibliografische Daten sind im Internet über http://dnb.d-nb.de/ abrufbar.

Dieses Werk sowie alle darin enthaltenen einzelnen Beiträge und Abbildungen sind urheberrechtlich geschützt. Jede Verwertung, die nicht ausdrücklich vom Urheberrechtsschutz zugelassen ist, bedarf der vorherigen Zustimmung des Verlages. Das gilt insbesondere für Vervielfältigungen, Bearbeitungen, Übersetzungen, Mikroverfilmungen, Auswertungen durch Datenbanken und für die Einspeicherung und Verarbeitung in elektronische Systeme. Alle Rechte, auch die des auszugsweisen Nachdrucks, der fotomechanischen Wiedergabe (einschließlich Mikrokopie) sowie der Auswertung durch Datenbanken oder ähnliche Einrichtungen, vorbehalten.

Impressum:

Copyright © 2014 GRIN Verlag, Open Publishing GmbH
Druck und Bindung: Books on Demand GmbH, Norderstedt Germany
ISBN: 978-3-668-12206-2

Dieses Buch bei GRIN:

http://www.grin.com/de/e-book/313406/josef-mengele-wissenschaftler-oder-sadistischer-todesengel

Luis Gödeke

Josef Mengele. Wissenschaftler oder sadistischer "Todesengel"?

GRIN Verlag

GRIN - Your knowledge has value

Der GRIN Verlag publiziert seit 1998 wissenschaftliche Arbeiten von Studenten, Hochschullehrern und anderen Akademikern als eBook und gedrucktes Buch. Die Verlagswebsite www.grin.com ist die ideale Plattform zur Veröffentlichung von Hausarbeiten, Abschlussarbeiten, wissenschaftlichen Aufsätzen, Dissertationen und Fachbüchern.

Besuchen Sie uns im Internet:

http://www.grin.com/

http://www.facebook.com/grincom

http://www.twitter.com/grin_com

Facharbeit

von Luis Gödeke

im Grundkurs Geschichte

am Kreisgymnasium Halle

Jahrgangstufe Q1

Schuljahr 2013/2014

Thema:

Josef Mengele: Wissenschaftler oder sadistischer „Todesengel"?

Inhaltsverzeichnis

1. Einleitung 3
2. Karriere Josef Mengeles 3
   2.1 Wie wurde Mengele Wissenschaftler? 3
   2.2 Welches Gedankengut und welche wissenschaftlichen Theorien beeinflussten die Entwicklung Mengeles? 4
3. Die Versuche Josef Mengeles 5
   3.1 Mit welchen Forschungsfragen beschäftigte sich Mengele? 5
   3.2 Unter welchen Umständen wurden seine Versuche durchgeführt? 6
   3.3 Unterschiede zu anderen medizinischen Versuchen um 1940 8
4. Josef Mengele: Wissenschaftler oder sadistischer „Todesengel"? 9
   4.1 Wissenschaftler oder „Todesengel"? 9
   4.2 Handelte Mengele im Sinne der Wissenschaft? 9
   4.3 Motivation Mengeles für seine Versuche und Arbeiten 11
5. Schluss 11
6. Literaturverzeichnis 13

1. Einleitung

Josef Mengele ist eines der Synonyme für medizinische Experimente in Auschwitz während des Nationalsozialismus. Kaum ein Mediziner machte so viele stark umstrittene Experimente, kaum ein Mediziner tötete so viele Menschen bei seinen Experimenten und kaum ein Verbrecher des Nationalsozialismus verschwand nach dem Krieg so spurlos und wurde nie wieder gesehen. Ich habe meine Facharbeit über Josef Mengele geschrieben, da ich über ein Thema schreiben wollte, das während der Zeit des Nationalsozialismus stattfand und noch heute für Diskussionen sorgt. Denn auch heute gibt es noch medizinische Experimente an Menschen, jedoch haben diese heutzutage in den meisten Fällen, im Gegensatz zu den Experimenten von Mengele den Versuchen zugestimmt. Zuerst werde ich erläutern wie Mengele Wissenschaftler wurde, welches Gedankengut und welche Theorien ihn auf diesem Weg beeinflussten. Anschließend werde ich auf die Versuche von Josef Mengele eingehen und sie mit anderen medizinischen Versuchen in der Zeit vergleichen. Jedoch stellt sich noch immer die Frage, was Josef Mengele dazu trieb diese Versuche durchzuführen. In dem letzten Teil werden ich versuchen eine Erklärung für die Handlungen des Josef Mengele zu finden um anschließend ein Fazit über die Person Josef Mengele ziehen zu können.

2. Karriere Josef Mengeles

2.1 Wie wurde Mengele Wissenschaftler?

Josef Mengele wurde am 16. März 1911 als ältester von drei Söhnen des Fabrikbesitzers Karl Mengele und seiner Frau Wally geboren[1]. Er wuchs in Günzburg auf und ging 1930 nach seinem Abitur nach München mit dem Entschluss Medizin zu studieren[2]. Während seines Studiums wechselte Mengele unter anderem nach Bonn und Wien, kehrte jedoch wieder nach München zurück, wo er sich auf die theoretische Medizin, vor allem auf die Genetik und die Anthropologie fokussierte[3]. 1935 erfolgt Mengeles erste Promotion zum Doktor der Philosophie. Er schrieb seine Arbeit über „Rassenmorphologische

---

1 Vgl. Keller, Sven: Günzburg und der Fall Josef Mengele: Die Heimatstadt und die Jagd nach dem NS-Verbrecher, 2003, S.17.
2 Vgl. Keller, 2003, S.17.
3 Vgl. Keller, 2003, S.17.

Untersuchungen des vorderen Unterkieferabschnitts bei vier rassischen Gruppen"[4], woran sich schon früh Mengeles Interesse an der nationalsozialistischen Rassenideologie zeigte. Mengele trat bereits in den 1920er Jahren den „Stahlhelmen" bei[5], wodurch er Mitglied der „Parteiarmee" wurde, jedoch im Oktober 1934 wieder austrat[6]. Er bestand sein Staatsexamen 1936[7]. In der Stadt Leipzig lernte Josef Mengele seine spätere erste Ehefrau Irene kennen, beide heirateten 1939[8]. Nach seinem Studium wurde Mengele am 1. September 1937 Assistenzarzt an dem Institut des Freiherrn Ottmar von Verschuer[9], welcher genau wie Mengele später an Zwillingen forschte, ein führender „Rassenhygieniker" des Nationalsozialismus war und auch einen großen Einfluss auf die psychologische Entwicklung Mengeles hatte[10]. Im Jahr 1938 promovierte Mengele an Verschuers Institut das zweite Mal, nun zu einem Doktor der Medizin[11]. In dem gleichen Jahr erfolgte auch sein Beitritt in die SS und die NSDAP, was ein großer Schritt in Richtung seiner späteren Arbeit war[12] Auch seine zweite Arbeit handelte von der Rassenideologie, dieses Mal jedoch von den „Sippenuntersuchungen bei Lippen-Kiefer-Gaumenspalte", wodurch er zum Doktor der Medizin promovierte[13]. 1942 wurde Mengele zum Truppenarzt bei der SS und im Mai 1943 dem WVHA in der Amtsgruppe D unterstellt, was die Dienstelle der KZ-Ärzte war[14]. Am 30. Mai 1943 begann Mengeles Arbeit in Auschwitz als Lagerarzt[15].

2.2 Welches Gedankengut und welche wissenschaftlichen Theorien beeinflussten die Entwicklung Mengeles?

Es ist sehr verwunderlich, dass Josef Mengele, der in katholischen Verhältnissen aufwuchs später zu einem „Todesengel" wurde. Eine solche Entwicklung passiert meist nicht ohne entsprechenden Einfluss von außerhalb. Während seiner

---

[4] Vgl. Keller, 2003, S.17.
[5] Vgl. http://de.wikipedia.org/wiki/Josef_Mengele (Stand 07.02.2014).
[6] Vgl. Keller, 2003, S.17.
[7] Vgl. Klee, Ernst: Auschwitz, die NS-Medizin und ihre Opfer, 2012,5. Auflage, S.457.
[8] Vgl. Keller, 2003, S.18.
[9] Vgl. Keller, 2003, S.18.
[10] Vgl. http://de.wikipedia.org/wiki/Otmar_Freiherr_von_Verschuer (Stand 07.02.2014).
[11] Vgl. Keller, 2003, S.18.
[12] Vgl. Klee, 2012, S.457.
[13] Vgl. Klee, 2012, S.457.
[14] Vgl. Klee, 2012, S.457.
[15] Vgl. Klee, 2012, S.457.

Entwicklung zum Lagerarzt in Auschwitz wurde Mengele von diversem Gedankengut seiner Vorgesetzten und nicht zuletzt der NSDAP, in der er Mitglied war beeinflusst. Er absolvierte unter anderem sein Medizinalpraktikum an dem Institut für Erbbiologie und Rassenhygiene in Frankfurt, das von Prof. Otmar Freiherr von Verschuer geleitet wurde, einem der führenden Rassenhygieniker während des Nationalsozialismus[16]. Es ist also sehr wahrscheinlich, dass das Gedankengut von Verschuer und seinen Mitarbeitern auch auf den damals noch relativ jungen Mengele übersprang, da Menschen in diesem Alter meist leicht durch andere Gedankenströmungen beeinflussbar sind. Ein weiterer Einfluss von außerhalb, der vermutlich zu einer Veränderung von Mengeles Denkweise geführt hat, war sein Beitritt in die NSDAP und SS, da man weiß, dass beide es sehr gut schafften, oft noch junge Menschen mit ihrer Ideologie anzustecken und ihr Gedankengut durch geschicktes Argumentieren, Begründen und Vermitteln ihrer Meinung durch alle damaligen Bevölkerungsschichten in Deutschland zu verteilen. Auch Mengele wurde vermutlich maßgeblich durch diese Ideologien beeinflusst, was an seinen Experimenten sehr gut verdeutlicht wird, da diese meistens auf rassistischen Thesen und einer Einteilung der Menschen in Gruppen basierten.

3. Die Versuche Josef Mengeles

3.1 Mit welchen Forschungsfragen beschäftigte sich Mengele?

Bei seinen Experimenten beschäftigte Mengele sich meist mit Forschungsfragen, die auf rassistischen Grundlagen basierten. So wollte er beispielsweise herausfinden, „wie er blonde, blauäugige Babys in großer Zahl schaffen konnte, um so die deutsche Bevölkerung zu vermehren"[17] oder wie sich „Mädchen in Jungen und Jungen in Mädchen"[18] umwandeln ließen. Auch beschäftigten ihn die natürlichen Mutationen und wie sich diese verhindern ließen, weshalb er sich vorrangig mit Zwillingen, sehr großen oder sehr kleinen Menschen beschäftige[19]. Mengele ordnete außerdem häufig Pathologen an, Zwillinge die nur im Abstand von wenigen Stunden gestorben waren einer Autopsie zu unterziehen, damit sich

---

16 Vgl. http://de.wikipedia.org/wiki/Otmar_Freiherr_von_Verschuer (Stand 07.02.2014).
17 Mozes Kor, Eva, Ich habe den Todesengel überlebt, 2012, 8. Auflage, S.67.
18 Mozes Kor, 2012, S.75.
19 Vgl. Mozes Kor, 2012, S.67.

die Auswirkungen von Krankheiten auf beinahe identische Organismen herausfinden ließen[20]. Mengele ließ den Zwillingen und anderen medizinischen Versuchsobjekten oft Krankheitserreger spritzen, um die Unterschiede herausarbeiten zu können, wie die Körper der Zwillinge jeweils auf die Krankheiten reagierten. So sagte der Häftlingsarzt Johann Cespiva über Mengele: „Ich habe selbst beobachtet, wie er im Revier des Zigeunerlagers die Zwillinge mit Typhus infizierte, um zu beobachten, ob die Zwillinge verschieden oder gleichartig reagierten"[21]. Jedoch beschäftigte sich Mengele nicht nur mit Krankheiten oder Abnormitäten, sondern auch mit der Frage ob und wie man Menschen, in diesem Fall Kinder verbinden könnte, sodass sie einen gemeinsamen Blutkreislauf besaßen. Jedoch starben die Kinder nach der Operation[22]. Bei seinen Forschungsfragen fällt jedoch auf, dass Josef Mengele sich meist lediglich mit dem Krankheitsbild beschäftige und nachdem er alle Informationen über dieses gesammelt hatte, die Kranken wieder sich selbst überließ obwohl er sie hätte heilen können. Er war also nicht an einer endgültigen Heilung der Probanden interessiert. So wurden beispielsweise Patienten die an „Wasserkrebs", einer Krankheit die durch Mangelernährung hervorgerufen wird, erst Medikamente und Sonderkost verabreicht, nur um es ihnen wieder wegzunehmen sobald der gewünschte Heilungseffekt eintrat[23]. Abschließend lässt sich also sagen, dass Mengele sich vor allem mit verschieden Krankheitsbildern beschäftigte, ohne jedoch an deren Heilung interessiert zu sein und seine restlichen Experimente sich mit der Umwandlung von Menschen und der Verhinderung beziehungsweise Auslösung von Mutationen beschäftigte.

3.2 Unter welchen Umständen wurden seine Versuche durchgeführt?

Aus heutiger Sicht wurden die Versuche Mengeles unter sehr mangelhaften Umständen durchgeführt. Es ging den Probanden für die Versuche beinahe genau wie dem Rest der Juden in Auschwitz, denen es bekanntlich unvergleichlich schlecht ging. So waren zum einen die Menschen, die für die Versuche ausgewählt wurden oft unterernährt und wiesen teilweise sehr starke

---

20   Vgl. Mozes Kor, 2012, S.101.
21   Aussage von Johann Cespiva vom 5.4.1960, Auschwitz-Verfahren: Verf 4 Js 444/59 OStA Ffm, S.4829 f.
22   Vgl. Klee, 2012, S.478.
23   Vgl. Klee, 2012, S.466.

Mangelerscheinungen auf. So beschreibt Eva Mozes Kor, eine Überlebende von Mengeles Experimenten: „Das Essen bestand aus einem gut sechs Zentimeter dicken, dunklen Brot und einer Flüssigkeit, die alle „Muckefuck" nannten"[24], was darauf schließen lässt, dass die Menschen für Mengeles Experimente meist nur mit dem Nötigsten versorgt wurden, sodass sie noch gerade überleben konnten. Jedoch erhielten die Probanden so genannte „Privilegien", die andere Insassen in Birkenau nicht erhielten um den Menschen vorzugaukeln sie wären besser als die anderen Insassen und sie so gefügiger zu machen, unter anderem „eine Latrine mit drei Löchern,[…] wir mussten wenn wir auf Toilette wollten nicht nach draußen zu der großen, öffentlichen Latrine"[25] oder auch „Wir durften einen Teil unserer Haare behalten"[26]. Jedoch waren diese „Privilegien" kein wirklicher Vorteil wenn man bedenkt, dass die Zwillinge dafür tagtäglich ihr Leben in medizinischen Versuchen riskierten. Weiterhin trat in den Baracken der Probanden häufig auch parasitärer Befall, beispielsweise durch Kopfläuse auf, was das Leben der Menschen noch schwieriger machte. „Wie alle Zwillinge in unsere Baracke waren wir von Kopfläusen befallen.[…] Läuse und Flöhe nisteten in unseren Decken, in Strohmatratzen und Kleidern"[27]. Auch wurde den Probanden nicht angeboten die Experimente abzulehnen. Wenn bei den Zwillingsversuchen einer der Zwillinge verstarb oder so schwer an einer Krankheit erkrankte, dass er sterben würde, so wurde der andere Zwilling auch getötet, da es für Zwillinge nur als Paar eine Verwendung für Josef Mengele gab. „Zweimal waren einzelne Zwillingsmädchen aus unserer Baracke erkrankt und in ein Krankenhaus gebracht worden. Sie kamen nie zurück. Die jeweiligen Schwestern waren dann auch weggeholt worden und ebenfalls nicht zurückgekehrt. Wir vermuteten, dass man bei jedem Zwillingspaar beide tötete, sobald die eine krank wurde"[28]. Wenn die Probanden erkrankten, so wurden sie in den Krankenbau verlegt, in dem noch schlechtere Zustände herrschten als in den Baracken. Eva Mozes Kor sagt: „Ich erinnere mich in der Bibel von einem Tal des Todes gelesen zu haben; den Krankenbau erlebte ich als jenes Tal. Es war der furchtbarste Ort den ich je betreten habe"[29]. Was sie damit

---

24 Mozes Kor, 2012, S.56.
25 Mozes Kor, 2012, S.56.
26 Mozes Kor, 2012, S.53.
27 Mozes Kor, 2012, S.71f.
28 Mozes Kor, 2012, S.82.
29 Mozes Kor, 2012, S.84.

meint ist, dass in diesem Krankenbau, welcher eine Baracke in der Nähe der Gaskammern und der Krematorien lag, die kranken Personen sich selbst überlassen wurden und so langsam verstarben[30]. Um diese Umstände noch halbwegs ertragen zu können verabreichte man den Probanden vermutlich ein Beruhigungsmittel namens Bromid was in ihr Essen gemischt wurde und wodurch diese ihre Erinnerungen an die Zeit vor dem Leben in Auschwitz vergaßen[31].

Jedoch wollte Mengele auch wenn es nicht so scheint, dass die Zwillinge und ihre Baracken zumindest teilweise sauber waren, weshalb sich die Probanden als weiteres Privileg einmal in der Woche duschen durften wobei auch ihre Kleidung mit Zyklon B desinfiziert wurde und sich die Zwillinge mit einer Flüssigkeit übergießen mussten, die sie desinfizieren sollte, jedoch die Körper teilweise verätzte und rote Flecken auf diesen hinterließ[32]. Abschließend muss man bedenken, dass all diese schlechten Umstände das Leben der Probanden stark erschwerten und auch einer der Hauptauslöser dafür waren, dass bei den Versuchen vergleichsweise viele Probanden an den Folgen oder während der Experimenten verstarben.

3.3 Unterschiede zu anderen medizinischen Versuchen um 1940

Natürlich gab es auch in anderen Ländern um 1940 medizinische Versuche an Menschen, jedoch waren hier die Probanden meist körperlich in einer bedeutend besseren Verfassung. So wurden in den 1940 Jahren beispielsweise auf Guatemala ahnungslose Menschen mit Geschlechtskrankheiten infiziert um an ihnen die antibiotische Substanz Penecillin zu testen[33]. Auch bei diesen und ähnlichen Versuchen um 1940 verstarben Menschen und wurden gegen ihren Willen mit Krankheiten infiziert, jedoch wurden sie hier weder beinahe sich selbst überlassen, noch gab es bei den Versuchen eine so enorme Quote an Toten wie dies bei den Experimenten von Josef Mengele der Fall war. Des Weiteren töteten die Wissenschaftler in anderen Ländern ihre Probanden nie aktiv, indem sie sie beispielsweise erschossen oder vergasen ließen. Der Mensch der nicht arischer Abstammung war, wurde bei Mengele nicht als solcher angesehen sondern eher

---

30   Vgl. Mozes Kor, 2012, S.84.
31   Vgl. Mozes Kor, 2012, S.78.
32   Vgl. Mozes Kor, 2012, S.72f.
33   Vgl. http://www.spiegel.de/wissenschaft/medizin/menschenversuche-klage-wegen-syphilis-experimenten-abgewiesen-a-838867.html.

als Versuchsobjekt. Solche Umstände gab es nur bei den Menschenversuchen in den Konzentrationslagern der Nationalsozialisten.

4. Josef Mengele: Wissenschaftler oder sadistischer „Todesengel"?

4.1 Wissenschaftler oder „Todesengel"?

Obwohl Mengele früher von Haus aus streng katholisch erzogen wurde, wurde er später als der „Todesengel" von Auschwitz bekannt. Doch wie kam es dazu, dass aus dem streng katholisch erzogenen Josef Mengele der „Todesengel" wurde und war Mengele wirklich ein „Todesengel" oder hat er im Sinne der Wissenschaft gehandelt? War er möglicherweise psychisch krank und ging es ihm nur um das reine Morden? Eine psychische Erkrankung wäre zwar eine gute Erklärung warum jemand solch menschenverachtende Versuche durchführt, ist jedoch eher zu vernachlässigen da es keine Berichte darüber gibt, dass er sich außerhalb seiner Arbeit auf irgendeine Weise abnormal verhielt. Außerdem führte er die Versuche und Tötungen nie selbst durch, sondern ließ alles durch seine Assistenzärzte durchführen, was gegen eine sadistische Vorliebe spricht, da hier der Täter eine Lust dabei verspürt anderen Menschen Leid zuzufügen oder sie zu demütigen[34]. Es ist von höherer Wahrscheinlichkeit, dass Mengele durch die verschiedenen Einflüsse des Nationalsozialismus und denen seiner Vorgesetzten die Juden irgendwann nicht mehr als vollwertige Menschen ansah, wie dies bei vielen der der Täter im Nationalsozialismus der Fall war. Vermutlich wäre Josef Mengele niemals zu dem Täter geworden der er war, hätte er nicht unter dem Einfluss des NS-Regimes gestanden. Auch hätte er sonst nie die Möglichkeit gehabt, so massive Tests bei denen es für ihn im Grunde keine Regeln gab durchzuführen.

4.2 Handelte Mengele im Sinne der Wissenschaft?

Mengele interessierte sich schon sehr früh für die theoretische Medizin, die in der Zeit des Nationalsozialismus auch sehr stark auf der „Rassengenetik" beruhte. Er war begeistert von dieser für seine „technisch-systematischen Neigungen entsprechenden Ergänzung der Genetik"[35] Einen großen Einfluss auf Mengele hatte auch der Freiherr Otmar von Verschuer, mit dessen Hilfe Mengele seine

---

34 Vgl. http://de.wikipedia.org/wiki/Sadismus (Stand 13.3.2014).
35 Keller, 2003, S.84.

zweite Doktorarbeit verfasste und dem auch eine besondere Bedeutung für Mengeles Karriere zugeschrieben wird, da er teilweise als dessen Mentor gesehen wird. Ein großes Problem der medizinischen Zeit war auch, dass sich Bereiche der Medizin zu einer „rein positivistischen Wissenschaftsdisziplin"[36] veränderten, woraus folgte, dass die ethnischen Normen bei medizinischen Versuchen weniger stark berücksichtigt wurden. Dies galt aber nicht nur für Mengeles medizinische Versuche, sondern auch für viele seiner Kollegen, die laut ihrem Empfinden im Sinne der Wissenschaft handeln. Betrachtet man Mengeles Versuche jedoch mit dem heutigen Verständnis von Ethik und Menschenrechten, so empfindet man sie als noch schlimmer als sie damals schon waren, da die Probanden unter sehr schlechten Umständen lebten und gegen ihren Willen zu den teils lebensgefährlichen Experimenten gezwungen wurden. Auch fällt auf, dass Mengele bei seinen Versuchen abnormal viele Menschen tötete und sie oft auch ohne ersichtlichen Grund töten ließ, sie hätten also normalerweise weiterleben können. Jedoch hatte Mengele keine weitere Verwendung für die Menschen in seinen Versuchen oder es wäre zu anstrengend geworden sie zu heilen, weshalb er sie exekutieren ließ. Insgesamt ließ Mengele während und durch seine Versuche eine fünf- bis sechsstellige Zahl an Menschen exekutieren[37]. Verglichen mit anderen medizinischen Tests anderer Mediziner um 1940 ist dies eine enorm hohe Zahl. Zwar gab es auch bei anderen medizinischen Versuchen zu dieser Zeit häufig Todesopfer, jedoch nie in dem Maß wie bei den medizinischen Versuchen Mengeles. Man kämpfte bei diesen häufig noch bis zum Ende darum, sie am Leben zu behalten, was bei Josef Mengele nur sehr selten stattfand. Auch erkennt man bei Mengele keinen weiteren Sinn hinter den Experimenten. So versuchte er beispielsweise in einem Experiment, die Irisfarbe von Häftlingen zu verändern, jedoch gelang ihm dies nie, die Augen der Häftlingen erröteten meistens nur, schwollen an und die Häftlinge erblindeten oder verstarben. Zusätzlich starben die Häftlinge nicht nur während oder nach den Untersuchungen Mengeles, sondern wurden häufig auch schon vorher getötet, damit Mengele sie untersuchen konnte. Aus wissenschaftlicher Sicht ist dies selbst in dem historischen Kontext eine äußerst ineffiziente Art, da bei Mengeles Versuchen immer mehr Häftlinge verstarben, als dass man Menschen durch die Ergebnisse dieser Untersuchungen

---

36   Keller, 2003, S.83.
37   http://mengele.cellarius.de/biographie_mengele_5.php (Stand 9.2.2014).

helfen konnte. Mengele hat also im Endeffekt Menschen getötet, ohne jemals ein wissenschaftlich relevantes Ergebnis durch seine Versuche zu erhalten.

4.3 Motivation Mengeles für seine Versuche und Arbeiten

Die Motivation Mengeles hinter den Versuchen war vor allem seine Karriere. Mengele erhoffte sich durch seine Versuche und die Ergebnisse, die er zu erzielen hoffte, eine Anerkennung durch andere Mediziner und andere Personen, die ihm überstellt waren. Schon die Studenten, mit denen Mengele in München studierte, beschrieben ihn als „nicht auffällig begabt, jedoch außergewöhnlich fleißig"[38]. Mengele riskierte bei jedem seiner Versuche Menschenleben, nur um Anerkennung zu erlangen. Bei einem Durchlesen seiner Aufzeichnungen oder Augenzeugenberichten wird sehr schnell klar, dass ihm ein Menschenleben nicht sehr viel wert war und er gerade durch seine durchweg antisemitische und rassenideologische Denkweise die Häftlinge für seine Versuche nicht als Menschen, sondern lediglich als Mittel verstand, um Anerkennung durch andere Wissenschaftler und Mediziner zu erlangen. „Tatsächlich sind Mengeles Taten sowohl ohne spezifische Entwicklung der medizinischen Wissenschaft vor und während des Nationalsozialismus als auch ohne den in Auschwitz gewährten grenzenlosen Handlungsspielraum undenkbar" schreibt beispielsweise Sven Keller. Viele Historiker gehen davon aus, dass Mengele nicht sadistisch oder psychisch gestört war, sondern lediglich das damalige System ihn aufgrund seiner damaligen Einstellung zu dem „Todesengel" machte als der er heute allgemein bekannt ist.

5. Schluss

Josef Mengele stieg innerhalb des Nationalsozialismus sehr schnell auf und wurde stark durch das Gedankengut der NSDAP und seiner Mentoren beeinflusst. Er war verantwortlich für den Tod von mehreren tausend Menschen und seine Experimente brachten kaum Fortschritt für die Medizin. Für diesen minimalen Fortschritt mussten jedoch sehr viele Menschen ihr Leben lassen, was aus heutiger Sicht keine effiziente Arbeitsweise darstellt. Mengele wurde bei seinen Experimenten getrieben von dem Verlangen nach Forschung und Aufstieg, führte jedoch kaum eines seiner Experimente selbst durch. Hätte ihm das System zu der

---

38   Keller, 2003, S.83.

damaligen Zeit nicht den Nährboden für diese Aktionen gegeben, hätten vermutlich deutlich weniger Menschen leiden müssen, auch wenn Mengele nicht der einzige Arzt im Nationalismus war. Seine durch Antisemitismus und Rassismus geprägten Experimente sind aus heutiger Sicht nicht von großer Notwendigkeit da sie kaum für neues Wissen im medizinischen Bereich sorgten. Glücklicherweise wurden seine Experimente durch den 2. Weltkrieg beendet. Dennoch ist jeder Tote oder Geschädigte in medizinischen Experimenten einer zu viel.

6. Literaturverzeichnis

Keller, Sven, Günzburg und der Fall Josef Mengele: Die Heimatstadt und die Jagd nach dem NS-Verbrecher

http://de.wikipedia.org/wiki/Josef_Mengele (Stand 7.2.2014)

http://de.wikipedia.org/wiki/Otmar_Freiherr_von_Verschuer (Stand 7.2.2014)

http://mengele.cellarius.de/biographie_mengele_5.php (Stand 9.2.2014)

Eva Mozes Kor, Lisa Rojany Buccieri, Ich habe den Todesengel überlebt – Ein Mengele Opfer erzählt

Ernst Klee, Auschwitz, die NS-Medizin und ihre Opfer

http://de.wikipedia.org/wiki/Sadismus (Stand 13.3.2014)

http://www.spiegel.de/wissenschaft/medizin/menschenversuche-klage-wegen-syphilis-experimenten-abgewiesen-a-838867.html (Stand 13.3.2014)

Auschwitz-Verfahren: Verf 4 Js 444/59 OStA Ffm

BEI GRIN MACHT SICH IHR WISSEN BEZAHLT

- Wir veröffentlichen Ihre Hausarbeit, Bachelor- und Masterarbeit
- Ihr eigenes eBook und Buch - weltweit in allen wichtigen Shops
- Verdienen Sie an jedem Verkauf

Jetzt bei www.GRIN.com hochladen und kostenlos publizieren